COMMENT PRIER POUR VOS PROCHES

Par Kathy Casto

ISBN 978-1-8795-13-7 ÉDITION RÉVISÉE
droits d'auteur © 2021 par Kathy Casto
Tous droits réservés
Imprimé aux États-Unis d'Amérique

Publié par Hisway Prayer Publications
P. O. Box 762
Jamul, CA 91935

Sauf indication contraire, toutes les citations des Écritures sont tirées de la version de la Bible Louis Segond (LSG).

Dédicace

À mon mari et mes deux enfants - c'est au travers de leurs luttes que je suis devenue forte. Ce sont leurs combats qui m'ont poussé à courir vers le Seigneur pour demander du secours, et Il m'a appris COMMENT PRIER pour mes proches.

Table des matières

Préface	1
Le calme avant la tempête	3
Au cœur de la tempête	7
Les armes de notre guerre	16
La liberté	29
Comment prier pour soi-même	34
Comment prier pour votre mari	36
Comment prier pour votre femme	42
Comment prier pour vos enfants	47
La prière du Seigneur pour les enfants	53
Comment prier pour vos parents	63
Comment prier pour votre pasteur	70
Comment prier pour votre nation	73
Comment prier pour vos êtres chers perdus	77
Comment prier pour la guérison	81
Comment prier pour les problèmes mentaux	83
Comment prier pour vos finances	86
Présentez vos requêtes à Dieu	90

Préface

Il existe de nombreux livres excellents que l'on peut lire et étudier sur le sujet de la prière (voir la liste des lectures préférées à la page 93) ; cependant, vous n'apprendrez jamais à prier avant que vous ne commenciez réellement à prier. Ce livre n'est qu'un "outil" pour vous aider dans la prière. Grâce à ce matériel, vous apprendrez non seulement l'importance de prier la Parole concernant les problèmes que vous rencontrez quotidiennement, mais aussi "comment prier" la Parole pour votre mari, votre femme, vos enfants, vos êtres chers perdus, votre pasteur et votre nation.

Vous n'avez pas à vous débattre dans un flot continu de revers financiers, de maux physiques et d'explosions familiales. Vous pouvez vous élever au nom puissant de Jésus et disperser les forces de l'ennemi qui ont pris votre vie pour cible de destruction :

Donne-nous du secours contre la détresse !

Donne-nous du secours contre la détresse ! <u>Le secours de l'homme n'est que vanité. Avec Dieu, nous</u> ferons des exploits ; <u>Il</u> écrasera nos ennemis." (Psaume 60 :11, 12) [Souligné par l'auteur]

COMMENT PRIER POUR VOS PROCHES

O Dieu ! tu es mon roi : Ordonne la délivrance de Jacob ! Avec toi nous renversons nos ennemis, Avec ton nom nous écrasons nos adversaires. (Psaume 44:4-6) [Souligné par l'auteur]

Ma prière pour vous qui étudiez ce matériel est que vous receviez les désirs de votre cœur pour vos proches. Votre famille deviendra comme les saints hommes d'autrefois. ... *Ils ont été remplis de force alors qu'ils étaient faibles. Ils se sont montrés vaillants dans les batailles, ils ont mis en fuite des armées ennemies* (Hébreux 11:34 BDS)

Que vos oreilles soient sensibilisées à la voix du Saint-Esprit lorsque vous vous dirigez vers Lui dans la prière ; et que vous détourniez beaucoup de gens des pièges de la mort en buvant à la " fontaine de la vie " que l'on trouve dans les enseignements des sages. (Proverbes 13:14)

Le calme avant la tempête

La maison que Kathy a construite

Pendant de nombreuses années, j'ai mené une vie relativement sans problème, avec peu de choses à gérer, à part un budget très limité, un désaccord occasionnel avec mon mari et quelques bleus sur les genoux de ma petite fille. Après les premières années d'adaptation l'un à l'autre et aux exigences du ministère (ou devrais-je dire apprendre à me soumettre à mon mari), notre mariage était solide et nous avons pris plaisir à travailler ensemble.

Je pensais être la femme sage de Proverbes 14 :1 qui "bâtit sa maison". Après tout, je ne me disputais plus avec lui ou ne le critiquais plus dans tout ce qu'il essayait de faire, comme je l'avais fait les cinq premières années de notre mariage. Au contraire, j'avais appris à jouer du piano, je participais à toutes les activités, réunions, conseils, retraites ou avances sur le calendrier, et j'avais ouvert notre maison pour les dîners, les réunions de prière, les répétitions de musique et les orateurs invités.

COMMENT PRIER POUR VOS PROCHES

Je souriais, je m'asseyais toujours au premier rang, et je savais bien me taire. *"Le sot lui-même passe pour sage s'il sait se taire ; qui tient sa bouche close est intelligent".* (Proverbes 17 :28 BDS)

Cela a fonctionné à merveille pendant un certain temps. Tout le monde pensait que j'étais la femme de pasteur parfaite ; tout le monde, c'est-à-dire, sauf moi. Au fond de moi, je savais que le Seigneur voulait autre chose de moi que mes meilleurs efforts, ou même mes talents et capacités. Le Seigneur me voulait. Il voulait une relation étroite et intime que je n'avais jamais pris le "temps" de développer. Il voulait que je marche spirituellement aux côtés de mon mari. J'ai toujours eu l'image mentale de John et moi traversant la vie avec lui flottant à environ dix pieds au-dessus de ma tête pendant que je marchais sur la terre. Je n'arrêtais pas de penser que si nous étions tous les deux « célestes », serions-nous utiles de manière « terrestre » ? Selon vous, qui a inspiré cette réflexion ?

Le Psaume 127 :1 dit : *"Si l'Éternel ne bâtit la maison, Ceux qui la bâtissent travaillent en vain ; Si l'Éternel ne garde la ville, Celui qui la garde veille en vain."*

Bien que je construise au mieux de mes capacités, je construis de ma propre force. Je ne laissais pas le Seigneur construire à travers moi. Je n'ai pas réalisé à quel point cela était dangereux pour notre famille et notre ministère, ni à quel point j'ignorais les stratégies que l'ennemi tentait de mettre en place contre nous, jusqu'à ce que l'attaque soit lancée. Satan a systématiquement frappé chaque membre de notre petite famille et chaque domaine de notre vie - physiquement, spirituellement et financièrement.

Vous connaissez sûrement l'expression "un malheur ne vient jamais seul" ? Je l'ai toujours entendue dans le cadre de nombreux problèmes qui s'abattent l'un après l'autre dans la vie d'une personne à un moment donné. C'est un exemple parfait de ce qui se passe dans le monde spirituel lorsque Satan vous prend pour cible, vous et votre famille. Il est celui qui *"rôde comme un lion rugissant, cherchant qui il dévorera."* (1 Pierre 5 :8). Il détruira votre santé, vos finances, votre famille, votre mariage et votre vie même, si possible. Ne vous laissez pas tromper ou prendre au dépourvu par le "calme avant la tempête".

Au cœur de la tempête

Un vent du changement a commencé à souffler

Les tempêtes ont commencé à souffler dans nos vies l'année où notre deuxième fille est née. Mon mari est devenu extrêmement frustré dans le ministère, déçu par certaines des caractéristiques de notre dénomination et découragé par certains problèmes physiques. L'année où notre fille de quatre ans est entrée en maternelle, notre bébé a commencé à développer des otites, l'une après l'autre, ce qui lui a engendré des heures de douleur et des nuits blanches pour nous tous. Il n'y avait pas de remèdes médicaux pour nos problèmes physiques, seulement de vagues théories et des espoirs furtifs. Il semblait que plus nous nous rapprochions du Seigneur, plus notre situation se détériorait.

C'est pendant ces moments désespérés que j'ai commencé à entendre dans mon esprit : "Si tu ne pries pas pour ton mari, qui le fera ?"Si tu ne pries pas pour tes enfants, qui le fera ?" La question suivante ne semblait pas inhabituelle, car je vivais dans la banlieue de Washington, D.C. : "Si tu ne pries pas pour ta nation, ses avocats, ses juges et ses dirigeants, qui le fera ?"

COMMENT PRIER POUR VOS PROCHES

Le Seigneur laissait le manteau de la maturité et de la responsabilité tomber sur mes épaules. J'ai commencé à réaliser que nous sommes responsables de notre génération et du temps et du lieu qui nous ont été donnés pour vivre nos jours sur la terre.

"*...Tu es mon Dieu ! Mes destinées sont dans ta main...*" (Psaume 31 :14, 15)

"*...ayant déterminé la durée des temps et les bornes de leur demeure ; il a voulu qu'ils cherchassent le Seigneur, et qu'ils s'efforçassent de le trouver en tâtonnant, bien qu'il ne soit pas loin de chacun de nous,* " (Actes 17 :26, 27)

En priant pour ma famille et en demandant au Seigneur de construire à travers moi, j'ai réalisé que je n'avais pas les "outils" appropriés pour construire une maison solide. Toutes les activités et les ministères dans lesquels j'avais été impliqué pendant de nombreuses années ne m'avaient pas préparé spirituellement aux tempêtes qui soufflaient dans nos vies. Je ne comprenais pas à ce moment-là que les tempêtes étaient causées par les puissances des ténèbres déterminées à nous détruire, et je ne savais certainement pas comment me battre dans le domaine spirituel.

Les puissances des ténèbres ! Vous voulez dire que les revers financiers, la maladie, les promotions ou les pertes d'emploi et les problèmes familiaux pouvaient être influencés par le royaume des esprits ? Lisez les paroles de Paul et jugez par vous-même :

" *Au reste, fortifiez-vous dans le Seigneur, et par sa force toute-puissante. Revêtez-vous de toutes les armes de Dieu, <u>afin de pouvoir tenir ferme contre les ruses du diable.</u> Car nous n'avons pas à lutter contre la chair et le sang, mais contre les dominations, contre les autorités, contre les princes de ce monde de ténèbres, contre les esprits méchants dans les lieux célestes.*" (Ephésiens 6 :10-12) [Souligné par l'auteur]

Les outils pour construire sa maison

Comme je continuais à répondre aux incitations de l'Esprit à chercher le Seigneur chaque jour en faveur de ma famille, je suis devenue très frustrée. Je savais que le Seigneur me demandait de passer une heure dans la prière avec Lui, mais au bout de quinze minutes, j'étais perdue. Je m'obligeais à rester une heure, mais j'avais l'impression d'errer sans but pendant mon temps de prière, sans sens de l'orientation et certainement sans "outils" en main.

COMMENT PRIER POUR VOS PROCHES

Le Seigneur a cependant entendu le cri de mon cœur et a commencé à m'envoyer les réponses, comme il est dit dans Jérémie 33 :3 :

"Invoque-moi, et je te répondrai ; Je t'annoncerai de grandes choses, des choses cachées, Que tu ne connais pas."

Il est intéressant de noter que peu après cette prière d'aide, j'ai reçu par courrier une copie de l'enseignement du Dr Larry Léa sur la prière et j'ai su que j'avais reçu "la manne du ciel". Après avoir écouté ce schéma basé sur Matthieu 6, je n'ai eu aucune difficulté à passer une heure en prière en suivant ce modèle. Cependant, j'ai commencé à me sentir bizarre parce que je me couchais tôt pour me lever tôt pour prier. Je ne connaissais personne d'autre qui faisait une telle chose.

La main de Dieu orchestrait les événements autour de nos vies et a amené le leader mondial de la prière de l'époque dans notre région - le Dr Paul Yonggi Cho, pasteur de la grande église de Séoul, qui compte plus de 800 000 membres. Il a fait une déclaration qui a changé ma vie. Le Dr Cho a déclaré : "La culture américaine n'est pas adaptée à la prière matinale. Pour s'établir dans la prière, il faut changer son mode de vie. Votre journée devra commencer et se terminer plus tôt". C'était tout ce dont j'avais besoin pour poursuivre la voie que j'avais choisie pour trouver les réponses à nos problèmes.

Le premier outil est donc la prière quotidienne et cohérente, à travers un modèle systématique - de préférence le Notre Père.

Le deuxième outil, je l'ai vite découvert, était la Parole de Dieu. Non seulement la lecture quotidienne de quelques chapitres pour remplir notre devoir chrétien, mais aussi un temps intime et de qualité dans la Parole. Un temps où l'on demande au Seigneur de nous "ouvrir les yeux pour voir des choses merveilleuses dans sa loi" (Psaume 119 :18) et de "vous donner l'intelligence de ses commandements" (Psaume 119 :73).

Le Dr Cho dit que "quelque chose de surnaturel" a lieu lorsque vous priez une heure. Le Dr Larry Léa dit que "quelque chose de spécial" se produit lorsque vous priez une heure par jour et que vous prenez le temps d'étudier Sa Parole. J'ai découvert que vos oreilles deviennent sensibles à la voix de votre Berger. Vous "entendez" Sa voix comme vous la lisez chaque jour. Vous "entendez" Sa voix dans la voix de votre pasteur ou de vos enseignants. Vous "entendez" le cri du cœur derrière les paroles de vos enfants ou de votre mari. Vous reconnaissez aussi instantanément une voix qui est contraire à la Parole :

COMMENT PRIER POUR VOS PROCHES

"Mes brebis entendent ma voix, et je les connais, et elles me suivent." (Jean 10 :27)

"Lorsqu'il (le berger) a fait sortir toutes ses propres brebis, il marche devant elles ; et les brebis le suivent, parce qu'elles connaissent sa voix. Elles ne suivront point un étranger ; mais elles fuiront loin de lui, parce qu'elles ne connaissent pas la voix des étrangers." (Jean 10 :4, 5)

Vos yeux commenceront à voir la vie à travers les yeux de l'Esprit plutôt que le monde fantastique désabusé des cinéastes ou les malheureuses cicatrices de la violence physique ou émotionnelle, des relations brisées et des rêves brisés. Vous commencerez à comprendre comment notre Père communique avec l'homme, et comment toute choses concourent à notre bien et comment il transforme en bien ce que l'ennemi avait prévu de mal dans votre vie.

Votre bouche deviendra une fontaine de vie car la Parole coule en vous chaque matin ou chaque soir pendant que vous "paissez" dans Ses verts pâturages (Proverbes 10 :11). Tu parleras de vie au lieu de mort ; ta langue sera comme de l'argent de choix (Proverbes 10 :20) ; et tes lèvres nourriront beaucoup de gens (Proverbes 10 :21).

Je voudrais vous encourager à commencer à lire un proverbe et cinq psaumes chaque jour pour vous donner sagesse et encouragement. Une fois que vous vous serez habitué à ce rythme et que vous commencerez à désirer davantage de la Parole, vous pourrez commencer une approche systématique pour lire la Bible de façon périodique. J'apprécie les Psaumes et les Proverbes chaque matin, en plus des cinq chapitres de l'Ancien Testament et des trois du Nouveau Testament. Cela me permet de lire la Bible trois fois par an.

Le programme de lecture suivant vous aidera à déterminer le nombre de chapitres que vous devriez lire quotidiennement afin d'atteindre vos objectifs pour l'année. En plus de la lecture quotidienne des Proverbes et Psaumes, ajoutez :

3 chapitres une lecture annuelle ;

5 chapitres et demi pour une lecture semestrielle ;

8 chapitres pour une lecture tous les quatre mois ;

11 chapitres pour une lecture trimestrielle ;

16 chapitres pour compléter votre lecture biblique tous les 2 mois ;

33 chapitres pour compléter votre Bible tous les mois.

Lorsque vous commencez à saturer votre être de la Parole, l'Esprit vous invitera à prier des versets spécifiques à vos problèmes.

COMMENT PRIER POUR VOS PROCHES

Ceci nous amène à notre troisième outil, un carnet de prière. Ce livre est en fait votre "carnet de prière du débutant". Tout comme un musicien commence au niveau débutant ou un enfant apprend à lire avec du matériel de maternelle, ce livre est un point de départ.

Vous verrez de nombreuses prières exaucées lorsque vous priez les versets compilés sous les différentes rubriques ; cependant, à mesure que vous deviendrez habile à utiliser la Parole et à "entendre" ce que l'Esprit vous dit concernant votre famille, vous commencerez à utiliser vos propres écritures pour les différentes circonstances qui se présenteront dans votre vie. Vous ne serez pas confrontés aux mêmes problèmes l'année prochaine car vous apprendrez à les surmonter grâce au sang de l'Agneau et à la parole de votre témoignage (Apocalypse 12 :11). Votre vie de prière et votre carnet de prières se développeront et s'étendront à mesure que vous chasserez l'ennemi des différents domaines de votre vie et que vous apprendrez à posséder la terre que le Seigneur vous a donnée en héritage.

Les armes de notre guerre

Nous avons examiné les outils nous permettant de construire une maison solide :

(1) Une prière quotidienne constante suivant un modèle systématique ;

(2) La Parole de Dieu;

(3) Un carnet de prières.

Avez-vous remarqué la vitesse à laquelle les outils pour construire une maison solide se transforment en "armes de guerre" lorsque nous devenons des ouvriers qualifiés ? Je me souviens du passage dans Joël 4 où les guerriers battent leurs socs de charrue en épées et leurs crochets de taille en lances. En temps de guerre, nous devons nous saisir de nos épées pour nous battre : *"Que le faible dise : "Je suis fort !"* (Joël 3 :10). Lisez les paroles de David :

"Si tu vois un homme habile dans son ouvrage, Il se tient auprès des rois ; Il ne se tient pas auprès des gens obscurs." (Proverbes 22 :29)

Votre fidélité dans les petites choses (envers vos premières responsabilités à la maison ou au travail) vous prépare à régner sur beaucoup de choses (Matthieu 25 :21), y compris sur les puissances des ténèbres (Luc 10 :19). Vous deviendrez un guerrier puissant dans l'armée du Seigneur. Les victoires de David sur le lion et l'ours l'ont préparé à la grande bataille contre Goliath, qui l'a amené au service du roi, de la famille royale et finalement sur le trône du roi.

Vision d'une guerrière

Lorsque j'ai commencé à prier le Notre Père et à revêtir l'armure chaque jour, j'ai vu dans une vision une guerrière. Je savais que le Seigneur me montrait une image de mon état spirituel. Le seul problème avec cette guerrière était qu'elle était allongée sur une chaise longue et qu'elle dormait ! Je n'étais pas consciente qu'une bataille faisait rage autour de moi. Lorsque j'ai commencé à reconnaître la source de mes problèmes au cours des mois suivants, j'ai vu la guerrière s'asseoir et, quelques mois plus tard, se lever. Mais je n'étais pas encore prête pour la bataille, car mon épée et mon bouclier pendaient librement à mes côtés.

COMMENT PRIER POUR VOS PROCHES

Après le déménagement de notre famille à Rockwall, la femme d'un ancien de l'église du Rocher nous a encouragées à prier la Parole de Dieu pour nos maris. Elle a dit : "Vous pouvez toujours prier la volonté de Dieu si vous priez la Parole de Dieu". Lorsque j'ai entendu ces mots, une nouvelle compréhension a inondé mon esprit. Ma vie de prière toute entière a commencé à changer. Ne voulant pas me limiter à prier seulement pour mon mari, j'ai commencé à prier la Parole pour mes enfants, ma famille, nos finances, tout ! Si la Parole de Dieu était la volonté de Dieu pour nos vies, je n'avais plus à me battre dans le doute et la confusion concernant la volonté de Dieu.

Quand j'ai commencé à tisser la Parole dans le Notre Père, j'ai commencé à voir s'effondrer toutes les forteresses que l'ennemi avait tenues si longtemps dans notre vie. Nos armes sont puissantes pour abattre les forteresses. (II Corinthiens 10 :4)

En quelques mois, les graves allergies de notre plus jeune fille se sont atténuées ; et mon mari s'est transformé sous mes yeux en un homme de prière fort et puissant, déterminé à accomplir le dessein de Dieu dans sa vie.

Pouvez-vous imaginer à quoi ressemblait la guerrière la fois suivante où je l'ai vue ? Elle avait une posture de guerrière, les pieds légèrement écartés, les genoux fléchis, et prête à entrer en action. L'épée et le bouclier étaient maintenus en position, et, fait intéressant, il y avait de petits cercles noirs tout autour de ses pieds. Quand j'ai demandé au Seigneur ce que c'était, Il m'a rappelé toutes les batailles que j'avais menées pour ma famille dans la prière. Chaque flèche flamboyante avait été lancée contre nous avec une cible spécifique aux yeux de l'ennemi : la santé de mon bébé, les difficultés de mon ainée, l'appel de mon mari, et même notre mariage. Cependant, à chaque assaut, le bouclier avait éteint les flammes et l'épée avait précipité celui qui dévore sous mes pieds ! Alléluia !

L'épée de l'esprit

Je voudrais partager avec vous les versets bibliques que le Seigneur a portées à mon attention pour confirmer l'utilisation de Sa Parole dans ma vie de prière.

Dans le quatrième chapitre de Matthieu, nous trouvons que *"Jésus a été conduit par l'Esprit dans le désert pour être tenté par le diable"* (Matthieu 4 :1). C'était immédiatement après son baptême par Jean avec la descente de l'Esprit sur lui sous la forme d'une colombe et juste avant le début de son ministère public. C'est pendant cette période de transition que l'ennemi a tenté Jésus. Examinons de près les réponses de Jésus à l'ennemi. Dans chaque cas, Jésus a cité la Parole. Il n'y a

COMMENT PRIER POUR VOS PROCHES

pas eu d'arguments, de discussions ou de débats - seulement la simple et pure Parole de Dieu.

" *Jésus répondit : <u>Il est écrit</u> : L'homme ne vivra pas de pain seulement, mais de toute <u>parole</u> qui sort de la bouche de Dieu.* " (Matthieu 4 :4) [Souligné par l'auteur]

"*Jésus lui dit : <u>Il est aussi écrit :</u> Tu ne tenteras point le Seigneur, ton Dieu.*" (Matthieu 4 :7) [Souligné par l'auteur]

"*Jésus lui dit : Retire-toi, Satan ! <u>Car il est écrit :</u> Tu adoreras le Seigneur, ton Dieu, et tu le serviras lui seul."* (Matthieu 4 :10) [Souligné par l'auteur]

Dans le livre de l'Apocalypse, nous trouvons que Jésus utilisera cette même stratégie contre Satan lorsqu'Il reviendra :

"*...De sa bouche sortait une épée aiguë, à deux tranchants...*" (Apocalypse 1 :16)

"*...je viendrai à toi bientôt, et je les combattrai avec l'épée de ma bouche.*" (Apocalypse 2 :16)

" *De sa bouche sortait une épée aiguë, pour frapper les nations.*" (Apocalypse 19 :15)

Si la Parole a été la réponse de Jésus aux tentations de l'ennemi dans le désert et sera sa stratégie à son retour, ne devrions-nous pas apprendre de son exemple et saisir l'épée pour combattre ?

Examinons un instant l'armure d'Éphésiens 6. La seule arme offensive de l'armure est "l'épée de l'Esprit, qui est la Parole de Dieu". Le reste de l'armure est défensive. Bien sûr, toutes les pièces de l'armure sont importantes : vous ne pouvez pas aller au combat sans votre couverture protectrice. Cependant, si vous n'utilisez jamais votre épée contre l'ennemi, il ne sera jamais vaincu. Il vous attaquera, ainsi que vos proches, vos finances et tous les domaines de votre vie, jusqu'à ce que vous abandonniez enfin, que vous blâmiez Dieu et que vous vous détourniez de lui. Satan est le maître de la tromperie!

D'autre part, à l'instant où vous saisissez votre épée pour combattre, l'ennemi tremble. Il ne peut pas s'opposer à la Parole. Lisez les promesses suivantes :

"Ainsi en est-il de ma parole, qui sort de ma bouche : Elle ne retourne point à moi sans effet, Sans avoir exécuté ma volonté Et accompli mes desseins." (Ésaïe 55 :11)

"Il envoie ses ordres sur la terre : Sa parole court avec vitesse." (Psaume 147 :15)

"Ils l'ont vaincu à cause du sang de l'agneau et à cause de la parole de leur témoignage..." (Apocalypse 12 :11)

"Ouvre mes yeux, pour que je contemple Les merveilles de ta loi !" (Psaume 119 :18)

COMMENT PRIER POUR VOS PROCHES

"Bénissez l'Éternel, vous ses anges, Qui êtes puissants en force, et qui exécutez ses ordres, En obéissant à la voix de sa parole !" (Psaume 103 :20)

La Parole de Dieu est la volonté de Dieu pour votre vie. Ce n'est pas la volonté de Dieu que vous soyez malade, déprimé, découragé, ruiné financièrement ou que votre famille soit bouleversée ! Laissez la promesse de 1 Jean 5 :14-15 pénétrer dans votre esprit :

"Nous avons auprès de lui cette assurance, que si nous demandons quelque chose selon sa volonté, il nous écoute. Et si nous savons qu'il nous écoute, quelque chose que nous demandions, nous savons que nous possédons la chose que nous lui avons demandée."

Quel que soit le problème que vous rencontrez, le Seigneur a la réponse dans Sa Parole pour vous. Mon pasteur, le Dr Larry Léa (auteur de *Ne pouvez-vous pas veuiller une heure ave moi ?*), a dit : "Concentrez-vous sur la promesse, pas sur le problème". La façon dont le Seigneur m'a appris à faire cela est de prier un ou plusieurs versets spécifiques au problème auquel nous sommes confrontés dans notre famille, notre église, notre nation ou sur les champs de mission.

J'ai inclus dans la dernière partie de ce livre un grand nombre de versets bibliques que j'utilise pour différentes situations. En réalité, ces versets sont la raison pour laquelle j'ai écrit ce livre. Je voulais partager ce que j'ai appris dans la prière afin que vous, qui lisiez ceci et le mettiez en pratique dans votre vie de prière, soyez fortifiés en apprenant à utiliser la Parole comme une épée contre l'ennemi. Permettez-moi de vous donner un bref exemple d'utilisation de la Parole dans votre vie de prière.

L'affûtage de l'épée

(Versets pour les maris)

En tant qu'épouse, vous connaissez et aimez votre mari mieux que quiconque ; par conséquent, le Seigneur vous montrera ses faiblesses qu'il ne confiera pas à personne d'autre. Il ne le fait pas pour que vous les annonciez publiquement, que vous les exposiez à vos amis et à vos parents, ni même que vous le harceliez quotidiennement pour corriger ses erreurs. Non, le Seigneur veut que vous priiez pour lui. Il vous donnera un verset spécifique pour contrecarrer cette faiblesse afin que votre mari puisse se fortifier dans le Seigneur au travers de vos prières vivifiantes.

Lorsque je ressens un besoin particulier dans la vie de mon mari, je prie Proverbes 21 :1 à son sujet :

"Le cœur du roi est un courant d'eau dans la main de l'Éternel ; Il l'incline partout où il veut"

COMMENT PRIER POUR VOS PROCHES

Par ce verset, je reconnais que Jean est mon autorité spirituelle et que Jésus est Son chef (Ephésiens 5:23). C'est au Seigneur qu'Il incombe de le changer ou de le corriger, pas à moi. Je m'accorde dans la prière avec ce que je sens que le Saint-Esprit veut faire dans sa vie (et non avec mes désirs égoïstes). Ensuite, je prie le verset de la parole qui adresse ce besoin.

Si le besoin concerne sa relation avec nos enfants, je prie Malachie 4 :6 :

"... Il ramènera le cœur des pères à leurs enfants (Père, tourne le cœur de Jean vers nos enfants) *Et le cœur des enfants à leurs pères"* (et que le cœur de mes enfants soit attiré vers Jean).

S'il devient frustré par le travail au bureau, je prie le Psaume 90 :12 ou Exode 17 :12 :

"Enseigne-nous à bien compter nos jours, Afin que nous appliquions notre cœur à la sagesse." (Psaume 90 :12)

"Aaron et Hur tenaient ses mains (Moïse) en l'air - d'un côté, de l'autre - afin que ses mains restent fermes jusqu'au coucher du soleil." (Exode 17 :12) (Père, envoie à Jean un Aaron et un Hur pour qu'ils tiennent ses mains levées et immobiles et se tiennent à ses côtés pendant qu'il œuvre pour toi).

S'il y a une question financière qui nécessite l'attention de mon mari, je prie Matthieu 25 :21 :

"...tu as été fidèle en peu de chose, je te confierai beaucoup" (Matthieu 25 :21)

"Seigneur, aide mon mari à être trouvé fidèle dans les petites choses de notre vie, afin que tu puisses nous confier de plus grandes choses ; que nous soyons trouvés fidèles dans la gestion des richesses du monde afin que nous puissions recevoir de vraies richesses."

Je ne le harcèle pas à propos de ces choses lorsqu'il rentre à la maison et je ne lui donne même pas de conseils, sauf s'il me le demande. J'ai constaté à maintes reprises que l'Esprit Saint commence à agir immédiatement dans son cœur. Deux ou trois jours plus tard, il rentrera à la maison et dira : "Nous devons passer plus de temps avec les enfants. J'ai été absent ces derniers temps" ou "Nous devons nous occuper de cette assurance. Je n'arrête pas d'y penser." ou "Tu sais, Dieu m'a dit ce que je devais faire le matin pendant la prière, et je suis tellement occupé au bureau maintenant".

Le Seigneur a déposé toutes ces choses dans son cœur et il a pensé que c'était son idée ! Ce sont des illustrations très simples sur comment utiliser la Parole dans votre vie quotidienne ; mais à mesure que vous verrez les réponses

COMMENT PRIER POUR VOS PROCHES

aux petits problèmes de la vie, cela vous fortifiera pour les grandes batailles.

Grâce à vos prières et à vos paroles d'encouragement, vous deviendrez la femme sage qui construit sa maison plutôt que de la démolir de ses propres mains (Proverbes 14 :1). Vous serez la femme de caractère noble qui apporte à son mari *"du bien et non du mal, tous les jours de sa vie."* (Proverbes 31 :12) ; et qui *"parle avec sagesse, et l'instruction fidèle est sur sa langue"* (Proverbes 31 :26).

La Parole de Dieu est la vérité, et ce qu'elle dit sur votre mari est la volonté de Dieu pour sa vie. Ne vous laissez pas tromper par les circonstances auxquelles vous faites face aujourd'hui. Elles ne sont qu'un écran de fumée pour vous décourager et vous empêcher de prier. Ne prononcez pas de paroles négatives sur votre situation. Cela ne fait que déformer votre vision et vous cause à vous concentrer sur le problème au lieu de la promesse et sur ce qui "semble être" plutôt que sur la vérité, qui est la Parole de Dieu.

Les versets suivants nous montrent l'importance des mots et leurs effets sur les autres :

"La mort et la vie sont au pouvoir de la langue..." (Proverbes 18 :21)

"Tel, qui parle légèrement, blesse comme un glaive ; Mais la langue des sages apporte la guérison." (Proverbes 12 :18)

"La bouche des justes est une source de vie..." (Proverbes 10 :11)

"Les lèvres du juste dirigent beaucoup d'hommes ..." (Proverbes 10 :21)

Lorsque vous priez la Parole, elle bâtit votre foi car *"Ainsi la foi vient de ce qu'on entend, et ce qu'on entend vient de la parole de Christ."* (Romains 10 :17) Vous priez la Parole, vous entendez la Parole : votre foi grandit. Jour après jour, votre foi se fortifie jusqu'à ce que vous ne voyiez plus la situation telle qu'elle apparaît momentanément, mais que vous la voyiez à travers les yeux de l'Esprit, confiant que Dieu agit en votre faveur. Ce n'est qu'une question de temps avant que vous ne receviez la réponse.

J'aime ce que dit le Dr. B. J. Willhite, fondateur de l'Appel National à la Prière : "Si vous avez assez de foi pour prier, vous avez assez de foi pour faire bouger la main de Dieu". Son exemple est le récit de la libération de Pierre de prison parce que l'église a décidé de prier. Cependant, lorsque Pierre est arrivé à la réunion de prière, ils n'ont pas cru que c'était lui. Ils avaient juste assez de foi pour prier, mais le Seigneur a entendu leurs cris et a délivré Pierre.

COMMENT PRIER POUR VOS PROCHES

"les justes crient, l'Éternel entend, Et il les délivre de toutes leurs détresses." (Psaume 34 :17)

Je demande toujours au Seigneur de me montrer mon mari à travers les yeux de l'Esprit. Je veux le voir comme Dieu le voit et savoir ce que Dieu veut faire à travers lui. "Ouvre mes oreilles, Seigneur, pour entendre ce que ton esprit me dit à son sujet." Cela me permet de prier ce que notre Père désire pour lui.

Alors que nous sommes fidèles dans les petits domaines de notre vie et de notre famille, le Seigneur nous confiera de plus grandes responsabilités, si nous sommes prêts. Il commencera à se servir de nous pour prier pour nos pasteurs, nos amis, nos employeurs ou nos employés, les dirigeants nationaux, et bien d'autres. Tout ce qu'Il veut, ce sont des personnes qui se rendront disponibles pour être guidées par l'Esprit pendant leur temps de prière.

La liberté

Je voudrais vous libérer de toute forme de servitude que l'ennemi essaierait d'utiliser pour vous piéger. Ne vous sentez pas obligé de prier chaque jour chaque verset pour chacun de vos bien-aimés. Il y a eu des jours, des semaines, voire des mois où l'Esprit m'a conduit à prier continuellement les mêmes versets concernant une même situation. C'est dans ces périodes que vous donnez naissance à quelque chose que le Seigneur veut accomplir dans le domaine de l'esprit.

Mais il y aura des jours où vous irez prier et où vous vous sentirez un fardeau, pour votre pasteur, ou juste pour votre mari ou vos enfants. Il est normal dans ce cas-là de prier spécifiquement pour votre fardeau ce jour-là au lieu de votre journal de prières que le Seigneur a déversées en vous. Le fardeau que vous ressentez dans votre cœur vient du Seigneur. Il vous confie une "mission spéciale", si vous y êtes disposé. Il y a une urgence dans les cieux qui a besoin de votre soutien de prière ce matin-là.

COMMENT PRIER POUR VOS PROCHES

Lorsque vous choisissez de prier ce jour-là selon Son fardeau, vous pouvez être assuré qu'Il prendra soin de votre famille et de vos circonstances. *"Fais de l'Éternel tes délices, Et il te donnera ce que ton cœur désire."* (Psaume 37 :4)

Je m'étais accordée dans la prière avec une amie pour qu'elle puisse poursuivre une adoption et aussi pour son mari afin qu'il marche à nouveau avec le Seigneur. Cependant à chaque fois qu'elle se tenait dans la prière, les seules choses pour lesquels elle pouvait prier était mon mari, le pasteur responsable de la réunion de prière. Elle ne comprenait pas cela et ne m'a même posé des questions à ce sujet. Bien qu'elle ait eu ses propres besoins, elle resta fidèle à prier pour le fardeau qui pesait sur son cœur chaque jour. Le Seigneur travaillait afin que toutes choses concourent à son bien (Romains 8 :28). Dieu utilisait son don de prière d'intercession afin de fortifier mon mari alors qu'Il la détournait vraisemblablement de ses prières qui restaient apparemment sans réponse pour son bébé et son mari. Le Seigneur avait déjà répondu à ses prières, mais la réponse n'était pas encore évidente.

"Avant qu'ils m'invoquent, je répondrai ; Avant qu'ils aient cessé de parler, j'exaucerai." (Ésaïe 65 :24)

Dans les mois qui ont suivis, mon amie a reçu son petit garçon et son mari a commencé à aller régulièrement l'église.

Ne vous découragez pas si vos prières ne sont pas exaucées le premier jour. Certaines prières sont exaucées immédiatement, d'autres prennent quelques jours, mais d'autres encore prennent des mois, voire des années. La clé est de ne jamais abandonner. Au contraire, nous devons rester vigilants pour identifier nos réponses lorsque le Seigneur les introduit dans notre vie.

Parce que nous savons que Dieu œuvre afin que toutes choses concourent au bien de ceux qui l'aiment et sont appelés selon son dessein (Romains 8 :28), nous devons réaliser que la réponse à l'une de nos prières peut affecter cinq ou six personnes ou familles : une promotion professionnelle, la restauration d'un mariage, un nouveau bébé ou une adoption. Il entend vos prières le premier jour où vous priez et commence à œuvrer pour le bien de tous. C'est pourquoi nous constatons que le Seigneur tarde à répondre à nos prières dans les cieux et à en voir les manifestations physiques sur terre.

Un journal de prières vous aidera à noter les réponses à vos prières, l'élément de temps impliqué et peut-être

COMMENT PRIER POUR VOS PROCHES

même les personnes concernées. Votre foi s'en trouvera grandement grandie, car vous pourrez revoir périodiquement la main du Seigneur à l'œuvre dans votre vie.

Marilyn Hickey a dit un jour que les prières étaient comme des semences que l'on arrose quotidiennement. Selon les cas, il faut plus ou moins de temps pour qu'elles germent et poussent. Chaque fois que je me décourage, je demande au Seigneur d'ouvrir mes yeux pour que je puisse voir Ses bénédictions quand elles arrivent (Lisez Jérémie chapitre 17 concernant l'homme qui dépend de la chair pour sa force et qui ne voit pas les bénédictions du Seigneur quand elles arrivent par opposition à l'homme qui a confiance dans le Seigneur).

John Wesley a dit : "Dieu n'agit qu'en réponse à la prière".

Dick Eastman dit : "Quand vous priez, quelque chose se passera dans les cieux qui ne serait pas produit sans vos prières."

Le Dr. B. J. Willhite dit : "Si vous avez assez de foi pour prier, vous avez assez de foi pour faire bouger la main de Dieu."

Le Dr Larry Léa dit : "Ce n'est peut-être pas facile, mais ça en vaut la peine."

Je voudrais vous encourager à utiliser le schéma de Matthieu 6 avec les versets qui s'y mêlent au quotidien. C'est votre arme offensive, votre plan pour gagner. Le Seigneur vous utilisera pour remporter de grandes victoires pour Lui et pourra même vous utiliser comme à une force d'intervention spéciale de temps en temps (les jours où Il vous donne un fardeau).

Examinons le Psaume 44 :6-8 alors que nous nous préparons au combat :

"Car ce n'est pas en mon arc que je me confie, Ce n'est pas mon épée qui me sauvera ;

Mais c'est toi qui nous délivre de nos ennemis, Et qui confonds ceux qui nous haïssent.

Nous nous glorifions en Dieu chaque jour, Et nous célébrerons à jamais ton nom.

Comment prier pour soi-même

Les versets suivants ont été inclus pour vous aider, pendant que vous priez, à inviter le Saint-Esprit à prendre le contrôle de votre vie quotidienne et à vous garder sensible à Sa voix :

QUE TON RÈGNE VIENNE, QUE TA VOLONTÉ SOIT FAITE DANS MA VIE COMME AU CIEL.

Père, je me présente à toi aujourd'hui comme un sacrifice vivant, saint et acceptable pour toi, qui est mon service raisonnable. Je ne me conformerai plus au modèle de ce monde, mais je serai transformé par le renouvellement de mon esprit afin de pouvoir déterminer ta volonté - ta volonté bonne, agréable et parfaite pour ma vie. (voir Romains 12 :1, 2)

Je vous demande de m'aider à être un fils sage qui apporte la joie à son Père. (Proverbes 15 :20) *Viens aujourd'hui construire ma maison par moi, afin que je ne travaille pas en vain.* (Psaume 127 :1)

Présentez vos requêtes à Dieu

Ouvre mes oreilles pour entendre ce que ton Esprit dit, car des oreilles qui entendent et des yeux qui voient- le Seigneur les a faits tous les deux. (Proverbes 20 :12)

Ouvrez mes yeux pour que je puisse voir dans la sagesse et la révélation afin de mieux vous connaître (Éphésiens 1 :17) ; *et pour que je puisse voir des choses merveilleuses dans votre parole.* (Psaume 119 :18)

Veille sur ma bouche, veille sur la porte de mes lèvres (Psaume 141, 3). *Que les paroles de ma bouche et la méditation de mon cœur soient agréables à tes yeux, mon Rocher et mon Rédempteur.* (Psaume 19:14)

Que ma bouche soit une source de vie (Proverbes 10 :11), *que mes lèvres dirigent beaucoup d'hommes* (Proverbes 10 :21), *et que ma langue soit comme un argent de choix.* (Proverbes 10 :20)

Exerce mes mains au combat et mes doigts a la bataille (Psaume 144:1); *tout ce que ma main trouve à faire, aide-moi à le faire de toutes mes forces.* (Ecclésiaste 9 :10)

Diriger mes pas selon Ta parole. (Psaume 119 :133) *Apprends-moi à compter mes jours avec droiture, afin que je gagne un cœur de sagesse.* (Psaume 90:12)

Au nom de Jésus, Amen".

Comment prier pour votre mari

Bien que je l'aie déjà mentionné, permettez-moi de le répéter pour que l'on puisse insister sur ce point. En tant qu'épouse, vous connaissez et aimez votre mari mieux que quiconque ; par conséquent, le Seigneur vous montrera les points faibles de sa vie qu'il ne confiera pas à personne d'autre. Il ne le fait pas pour que vous l'annonciez publiquement, que vous l'exposiez à vos amis et à vos parents, ou que vous le harceliez quotidiennement pour le corriger. Non, le Seigneur veut que vous priiez pour lui. Il vous donnera un verset spécifique pour contrecarrer cette faiblesse afin que votre mari puisse se fortifier dans le Seigneur grâce à vos prières vivifiantes.

Je voudrais encourager les épouses à prier "Ouvre mes yeux, pour que je contemple les merveilles de ta loi" (Psaume 119 :18) concernant votre époux. L'Esprit Saint commencera à éclairer certains versets pour que vous priiez pour lui afin de l'édifier dans l'Esprit.

L'une des citations préférées de mon mari, provient du missionnaire évangéliste T. L. Osborn, et est devenue un principe directeur dans nos vies : "Toujours estimer, jamais rabaisser." Cette citation est basée sur les versets d'Ephésiens 4 :29-32.

Il fut un temps où je n'arrêtais pas d'entendre le mot "audace" dans mon esprit pour mon mari. J'ai commencé à prier selon Proverbes 28:1, *"Le juste a de l'assurance comme un jeune lion."* ; Psaume 138 :3, "Le jour où je t'ai invoqué, tu m'as exaucé, Tu m'as rassuré, tu as fortifié mon âme." ; et II Timothée 1:7, *"car ce n'est pas un esprit de timidité que Dieu nous a donné mais un esprit de force, d'amour et de sagesse"*. En trois semaines, mon mari marchait avec une nouvelle assurance de force, de puissance et d'audace.

A peu près à la même époque, j'ai commencé à entendre le mot "discernement" chaque fois que je priais pour Jean. Le Seigneur m'a donné de nombreux versets dans les Proverbes pour prier : Proverbes 18 :15, *"Un cœur intelligent acquiert la science"* ; Proverbes 14 :6, *"Mais pour l'homme intelligent la science est chose facile."* ; Proverbes 14 :33, *"Dans un cœur intelligent repose la sagesse"*. Mais aussi, Psaume 119:125, Proverbes 15:14 et Proverbes 16:21.

Je pensais à l'époque qu'il avait juste besoin de discernement pour diriger le ministère de la prière dans notre église. Cependant, un an et demi plus tard, nous avons reçu une parole du Seigneur selon laquelle le

COMMENT PRIER POUR VOS PROCHES

manteau du discernement allait reposé sur lui afin de discerner les principautés contrôlant les différentes villes des États-Unis afin que nous puissions abattre les forteresses qui retiennent les villes en captivité.

Nous ne voyons la vie qu'à travers notre perception limitée et restreinte, mais lorsque nous permettons au Saint-Esprit de diriger nos prières, Il commence à nous partager Son cœur et à nous faire connaître Ses pensées. (Proverbes 1:23)

En plus de voir votre mari devenir tout ce qu'il est censé être en Dieu, vous récolterez dans votre propre vie tous les dons, la puissance et l'onction que le Seigneur déverse en lui parce que vous êtes un dans l'Esprit.

Priez: "QUE TON RÈGNE VIENNE, QUE TA VOLONTÉ SOIT FAITE DANS LA VIE DE MON MARI COMME AU CIEL."

Père, heureux est mon mari, _____, qui ne suit pas les conseils des méchants, ne s'arrête pas sur la voie des pécheurs et ne s'assied pas en compagnie des moqueurs. Mais qui trouve son plaisir dans la loi de l'Eternel et qui la médite jour et nuit. Il est comme un arbre planté près d'un cours d'eau, qui donne son fruit en sa saison et dont le feuillage ne se flétrit point. Tout ce qu'il fait lui réussit. (Psaume 1 :1-3)

L'Esprit du Seigneur reposera sur mon mari, Esprit de sagesse et d'intelligence, Esprit de conseil et de force, Esprit de connaissance et de crainte de l'Éternel. (Esaïe 11 :2, 3)

Que la grâce de l'Eternel, notre Dieu, soit sur mon mari; Affermis l'ouvrage de ses mains - oui, affermis l'ouvrage de ses mains. (Psaume 90 :17)

Le Seigneur agira en faveur de mon mari ; Eternel, ta bonté dure toujours - n'abandonne pas les œuvres de tes mains. (Psaume 138 :8)

Je prie pour que mon mari puisse prospérer en toutes choses et être en bonne santé, tout comme son âme prospère. (3 Jean 1:2)

Ouvre les yeux de mon mari pour qu'il puisse voir les merveilles dans ta loi. (Psaume 119 :18)

Tes mains l'ont créé et l'ont formé ; donne-lui l'intelligence pour qu'il apprenne tes commandements. (Psaume 119:73)

Le cœur du roi est un courant d'eau dans la main de l'Éternel ; Il l'incline partout où il veut. (Proverbes 21 :1)

Heureux l'homme qui craint l'Éternel, Qui trouve un grand plaisir à ses commandements. Sa postérité sera puissante sur la terre, La génération des hommes droits sera bénie. Il a dans sa maison bien-être et richesse, Et sa justice subsiste à jamais. La lumière se lève dans les ténèbres pour les hommes droits, Pour celui qui est miséricordieux,

COMMENT PRIER POUR VOS PROCHES

compatissant et juste. Heureux l'homme qui exerce la miséricorde et qui prête. Qui règle ses actions d'après la justice. Car il ne chancelle jamais ; La mémoire du juste dure toujours. Il ne craint point les mauvaises nouvelles ; Son cœur est ferme, confiant en l'Éternel. Son cœur est affermi ; il n'a point de crainte, Jusqu'à ce qu'il mette son plaisir à regarder ses adversaires. Il fait des largesses, il donne aux indigents ; Sa justice subsiste à jamais ; Sa tête s'élève avec gloire, Le méchant le voit et s'irrite, Il grince les dents et se consume ; Les désirs des méchants périssent. (Psaume 112)

Mais, comme il est écrit, ce sont des choses que l'oeil n'a point vues, que l'oreille n'a point entendues, et qui ne sont point montées au coeur de l'homme, des choses que Dieu a préparées pour ceux qui l'aiment. (1 Corinthiens 2:9)

Je continue à demander que le Dieu de notre Seigneur Jésus-Christ, le Père glorieux, donne à mon mari l'Esprit de sagesse et de révélation, afin qu'il puisse mieux le connaître. (Éphésiens 1 :17)

Car il donne à l'homme qui lui est agréable la sagesse, la science et la joie ; mais il donne au pécheur le soin de recueillir et d'amasser, afin de donner à celui qui est agréable à Dieu. C'est encore là une vanité et la poursuite du vent. (Ecclésiaste 2 :26)

Présentez vos requêtes à Dieu

Vous instruirez mon mari et lui enseignerez la voie qu'il doit suivre ; vous le conseillerez et veillerez sur lui... mais l'amour indéfectible du Seigneur entoure l'homme qui se confie en lui. (Psaume 32 :8, 10)

Car l'Éternel donne la sagesse ; De sa bouche sortent la connaissance et l'intelligence ; (Proverbes 2:6)

" Qu'il ne sorte de votre bouche aucune parole mauvaise, mais, s'il y a lieu, quelque bonne parole, qui serve à l'édification et communique une grâce à ceux qui l'entendent. N'attristez pas le Saint Esprit de Dieu, par lequel vous avez été scellés pour le jour de la rédemption. Que toute amertume, toute animosité, toute colère, toute clameur, toute calomnie, et toute espèce de méchanceté, disparaissent du milieu de vous. Soyez bons les uns envers les autres, compatissants, vous pardonnant réciproquement, comme Dieu vous a pardonné en Christ." (Éphésiens 4:29-32)

Au nom de Jésus, Amen."

Comment prier pour votre femme

Je voudrais encourager les maris avec les mots de Paul :

"Maris, aimez vos femmes, et ne vous aigrissez pas contre elles." (Colossiens 3 :19)

" *Car le mari est le chef de la femme, comme Christ est le chef de l'Église, qui est son corps, et dont il est le Sauveur. Or, de même que l'Église est soumise à Christ, les femmes aussi doivent l'être à leurs maris en toutes choses. Maris, aimez vos femmes, comme Christ a aimé l'Église, et s'est livré lui-même pour elle.*" (Éphésiens 5 :23-25) [Souligné par l'auteur]

Les mêmes principes s'appliquent aux maris qui doivent prier pour leurs femmes. Il s'agit de prier des versets spécifiques au sujet des faiblesses dans la vie de votre femme afin de l'édifier spirituellement. ("Toujours estimer, jamais rabaisser." T. L. Osborn)

Les mots durs et les réprimandes ne vous unissent pas, mais vous éloignent plutôt l'un de l'autre. Vous pouvez choisir de vivre en paix avec votre femme ou ... d'avoir toujours raison. Cependant, lorsque vous permettez au Saint-Esprit de vous utiliser comme son autorité spirituelle, elle répondra à vos aimantes corrections et à vos douces suggestions.

En fortifiant votre femme chaque jour dans la prière, non seulement elle s'épanouira en épouse de caractère noble comme le proverbe 31, mais votre mariage deviendra *"un accord à trois brins... qui ne sera pas rapidement rompu"*. (Ecclésiaste 4 :12) Elle marchera spirituellement à vos côtés et vous aidera à devenir un homme qui *"est respecté à la porte de la ville, où il prend place parmi les anciens du pays"*. (Proverbes 31 :23) Ensemble, vous accomplirez le plan de Dieu dans votre vie et vous réaliserez de grandes et puissantes choses pour le Royaume de Dieu. (J'ai entendu mon mari prier ces versets pour moi à maintes reprises).

"QUE TON RÈGNE VIENNE, QUE TA VOLONTÉ SOIT FAITE DANS LA VIE DE MA FEMME COMME AU CIEL !

Père, ma femme, _____, est une femme sage qui bâtit sa maison, elle n'est pas comme une femme insensée qui de ses propres mains la renverse. (Proverbes 14 :1)

Si l'Éternel ne bâtit la maison, Ceux qui la bâtissent travaillent en vain ; Si l'Éternel ne garde la ville, Celui qui la garde veille en vain. (Psaume 127 :1)

COMMENT PRIER POUR VOS PROCHES

Une femme de caractère noble qui peut trouver ? Je vous remercie, Seigneur, que ma femme est aujourd'hui une femme de caractère noble. Elle vaut bien plus que des rubis. Moi, son mari, j'ai pleinement confiance en elle et je ne manquerai de rien de valeur. Elle me fera du bien, et non du mal, tous les jours de sa vie. Elle sélectionne la laine et le lin et travaille avec des mains avides. Elle est comme les navires marchands, elle apporte sa nourriture de loin. Elle se lève lorsqu'il fait encore nuit, elle donne de la nourriture à sa famille et des portions à ses servantes. Elle considère un champ et l'achète ; sur ses gains, elle plante une vigne. Elle se met au travail avec vigueur ; elle aide ses bras à être forts pour ses tâches d'aujourd'hui. Aide-la afin que son commerce soit rentable, et que sa lampe ne s'éteigne pas la nuit. Dans sa main, elle tient la quenouille et saisit le fuseau avec ses doigts. (Aide-la à être productive aujourd'hui, établis l'œuvre de ses mains) (Psaume 90 :17).

Elle ouvre ses bras aux pauvres et tend les mains aux nécessiteux. Quand il neige, elle n'a pas peur pour sa famille, car ils sont tous vêtus d'écarlate. Elle fait des couvertures pour son lit ; elle est vêtue de lin fin et de pourpre. Moi, son mari, je serais respecté à la porte de la ville (dans la communauté) où je prendrai place parmi les anciens du pays. Elle fabrique des vêtements en lin et les vend, et fournit des écharpes aux marchands. Elle est vêtue de force et de dignité ; elle peut rire des jours à venir. Elle parle avec sagesse, et l'instruction fidèle est sur sa langue. Elle veille sur les affaires de sa maison et ne mange pas le pain de l'oisiveté. Ses enfants se lèvent et la disent bienheureuse ; moi, son mari, je la loue ; beaucoup de femmes font des choses nobles, mais elle les surpasse toutes. Le charme est trompeur, la beauté est éphémère ; mais une femme qui craint le Seigneur doit être louée. Donne-lui la récompense qu'elle mérite, et que ses œuvres lui apportent la louange à l'entrée de la ville. (Proverbes 31 :10-31) [Souligné par l'auteur]

Et si quelqu'un est plus fort qu'un seul, les deux peuvent lui résister ; et la corde à trois fils ne se rompt pas facilement. (Ecclésiaste 4 :12)

Le cœur de ma femme n'enviera pas les pécheurs mais elle aura toujours la crainte de l'Éternel ; Il y a certainement un avenir pour elle, et son espoir ne sera pas anéantie. (Proverbes 23:17-18)

L'Éternel est la lumière et le salut de ma femme : De qui aurait-elle crainte ? L'Éternel est le soutien de sa vie : De qui aurait-elle peur ? Quand des méchants s'avancent contre elle, pour dévorer sa chair, ce sont ses persécuteurs et ses ennemis qui chancellent et tombent. Si une armée se campait contre elle, son cœur n'aurait aucune crainte ; Si

COMMENT PRIER POUR VOS PROCHES

une guerre s'élevait contre elle, Elle serait malgré cela pleine de confiance. (Psaume 27:1-3)

Comment prier pour vos enfants

Parents n'irritez pas vos enfants, mais éduquez-les plutôt dans la formation et l'instruction du Seigneur.
(Éphésiens 6:4)

S'il y a une chose que je peux dire aux parents, c'est de *"garder votre cœur car il est la source de la vie"*. (Proverbes 4 :23) N'oubliez pas que vos enfants n'ont été placés chez vous que pour une saison.

Vous avez reçu un cadeau précieux, celui d'avoir la possibilité d'être un parent à qui l'on confie les précieux trésors de Dieu. Il veut utiliser votre maison comme un centre de formation pour les John Wesleys, Billy Grahams, Kathryn Kulhmans, pasteurs évangélistes ou missionnaires de la prochaine génération, ainsi que pour les dirigeants du gouvernement et des entreprises... Il veut que nos enfants se lèvent et *"soient puissants dans le pays"* (Psaume 112 :1) dans tous les domaines de la vie où ils se trouvent.

N'oubliez pas que nos enfants font un voyage dans la vie que nous n'accomplirons pas avec eux. Ils

COMMENT PRIER POUR VOS PROCHES

continueront à avancer sans nous et n'emporteront avec eux que ce que nous leur avons enseigné. Cette réflexion donne à réfléchir et souligne l'importance du verset qui se trouve dans Proverbes 22 :6, "*Instruis l'enfant selon la voie qu'il doit suivre ; Et quand il sera vieux, il ne s'en détournera pas.*"

Je demande continuellement au Seigneur de me montrer mes petites filles au travers de ses yeux et de sensibiliser mes oreilles au cri de leur cœur. Derrière leurs paroles, je veux "entendre" ce qu'elles essaient de me dire et être capable de discerner correctement.

QUE TON RÈGNE VIENNE, QUE TA VOLONTÉ SOIT FAITE DANS LA VIE DE MES ENFANTS COMME AU CIEL !

Père, ta Parole dit d'instruire l'enfant selon la voie qu'il doit suivre, et quand il sera vieux, il ne s'en détournera pas. Aide-moi, Seigneur, à instruire mes enfants aujourd'hui dans les voies que tu veux qu'ils aillent. (Proverbes 22 :6)

Tous mes fils seront disciples de l'Éternel et grande sera la prospérité de mes enfants. Enseigne à travers moi aujourd'hui, Père, et que mes enfants entendent ta voix dans ma voix et la voix de leurs maîtres aujourd'hui. (Ésaïe 54 :13)

Présentez vos requêtes à Dieu

Puissent-ils appliquer leur cœur à l'instruction et leurs oreilles aux paroles de la connaissance. (Proverbes 23 :12)

Car l'Eternel donne la sagesse, et de sa bouche sortent la connaissance et l'intelligence. (Proverbes 2 :6) *Père, accorde aujourd'hui à mes enfants la sagesse, et qu'ils reçoivent de ta Parole la connaissance et l'intelligence.*

Des oreilles qui entendent et des yeux qui voient, l'Eternel les a faits tous les deux (Proverbes 20 :12). *Donne à mes enfants des oreilles qui entendent la voix de ton Esprit Saint aujourd'hui, et qu'ils voient non pas comme le monde voit, mais par ton Esprit dans la sagesse et la révélation.*

Ramène le cœur des pères à leurs enfants et le cœur des enfants à leurs pères (Malachie 4 :6). *Que mes enfants aiment et respectent toujours non seulement leur père naturel, mais aussi leur Père céleste, et que mon mari reste toujours tendre et sensible aux joyaux que le Seigneur a placés sous notre garde pendant une saison.*

Et tout comme Jésus a grandi en sagesse, en stature et en faveur de Dieu et des hommes, qu'il en soit ainsi pour mes enfants. (Luc 2 :52)

Père, ta Parole dit qu'un fils sage apporte la joie à son père... (Proverbes 10 :1). *Que mes enfants soient sages et apportent à leur père de la joie chaque jour.*

COMMENT PRIER POUR VOS PROCHES

Père, que mes enfants soient attentifs à mes paroles et prêtent l'oreille à mes discours. Qu'ils ne s'éloignent pas de tes yeux, garde-le dans le fond de ton cœur ; car tu leur procureras la vie et la santé pour tout leur corps. Par-dessus tout, aide-les à garder leur cœur, (édifie une haie de protection autour d'eux), car il est les sources de la vie. (Proverbes 4 :20-23)

Donne à mes enfants un cœur qui obéisse à leurs parents selon le Seigneur. Et permets nous parents de ne pas irritez nos enfants mais de les élevez en les corrigeant et en les instruisant selon le Seigneur. (Éphésiens 6 :1,4)

Père, ta Parole dit : "Crois au Seigneur Jésus, et tu seras sauvé, toi et ta famille. (Actes 16 :31)

N'épargne pas la correction a l'enfant. Si tu le frappes de la verge, il ne mourra point. En le frappant de la verge, tu délivres son âme du séjour des morts. (Proverbes 23 :13-14)

Éternel ! fais-moi connaître tes voies, Enseigne-moi tes sentiers. Conduis-moi dans ta vérité, et instruis-moi ; Car tu es le Dieu de mon salut, Tu es toujours mon espérance. Éternel ! Souviens-toi de ta miséricorde et de ta bonté ; Car elles sont éternelles. Ne te souviens pas des fautes de ma jeunesse ni de mes transgressions ; Souviens-toi de moi selon ta miséricorde, A cause de ta bonté, ô Éternel !

Présentez vos requêtes à Dieu

(Psaume 25 :4-7) *Montre à mes enfants tes voies, Seigneur.*

Beni soit l'Éternel, car Il exauce la voix de mes supplications. L'Éternel est ma force et mon bouclier ; En lui mon cœur se confie, et je suis secouru. (Psaume 28 :6-7)

Le juste marche dans son intégrité ; Heureux ses enfants après lui ! (Proverbes 20:7)

L'enfant laisse déjà voir par ses actions Si sa conduite sera pure et droite. (Proverbes 20:11)

La folie est attachée au cœur de l'enfant ; La verge de la correction l'éloignera de lui. (Proverbes 22:15)

Les enfants des enfants sont la couronne des vieillards, Et les pères sont la gloire de leurs enfants. (Proverbes 17:6)

Châtie ton fils, car il y a encore de l'espérance; Mais ne désire point le faire mourir. (Proverbes 19:18)

Au nom de Jésus, Amen".

La prière du Seigneur pour les enfants

Quand le Seigneur m'a demandé pour la première fois quel genre de maison je lui bâtirais, je ne savais pas ce qu'Il voulait dire, mais je lui ai dit : "Je bâtirais le genre de maison que tu désires". Quand j'ai commencé à prier pour ma famille ce matin-là, Il m'a dit : "Quand tu deviendras une maison de prière, ta famille sera ainsi une maison de prière, et ton ministère sera aussi une maison de prière".

Voyez-vous la progression ? Je devais devenir une maison de prière avant que ma famille ne soit une maison de prière, et notre famille devait devenir une maison de prière avant que notre ministère ne devienne une maison de prière.

Après avoir appris à prier fidèlement pour mes enfants, le Seigneur a commencé à me mettre à cœur qu'il était temps pour eux d'apprendre à prier efficacement et à vaincre l'ennemi dans leur vie. À ce moment-là, nous luttions encore avec des troubles d'apprentissage et contre la peur et la maladie chez nos enfants. Le Seigneur m'a dit de saturer leur esprit avec la Parole pour :

COMMENT PRIER POUR VOS PROCHES

"La révélation de tes paroles éclaire, Elle donne de l'intelligence aux simples." (Psaume 119 :130)

"Car l'Éternel donne la sagesse, et de sa bouche sortent la connaissance et l'intelligence." (Proverbes 2 :6)

"Tous tes fils seront disciples de l'Éternel, Et grande sera la postérité de tes fils." (Esaïe 54 :13)

Le Seigneur m'enseignait comment utiliser "la parole qui est l'épée de l'Esprit" pour briser les chaînes qui liaient mes enfants.

Chaque année scolaire se présentait avec une série de défis, d'amitiés, d'enseignants, des matières scolaires et des activités scolaires. Le Psaume 119 :130 est devenu tellement réel pour nous: *"La révélation de tes paroles éclaire, Elle donne de l'intelligence aux simples"*. Nous avons découvert que plus nous mémorisions la Parole de Dieu et plus nous priions quotidiennement, plus nos enfants étaient compréhensifs à l'école et plus nous étions compréhensifs face aux défis que nous devions relever au travail ou dans le ministère. Alors l'entrée de la Parole, des Paroles de Dieu, des pensées de Dieu... nous instruit et ouvre notre compréhension avec sa sagesse et sa perspicacité.

Une jeune mère avec qui j'ai prié lors des réunions de prière du matin m'a raconté que son petit garçon n'a appris à lire qu'après qu'elle lui ait fait mémoriser les versets de la Bible. Son petit esprit s'est alors ouvert et il est devenu l'un des meilleurs élèves de sa classe ! La Parole fonctionne !

On priait sur le chemin de l'école le matin pour sensibiliser leur esprit à l'Esprit Saint afin qu'ils soient instruits tout au long de la journée. (C'était aussi un bon moyen pour les empêcher de se battre !) Il a fallu une année scolaire, soit environ huit mois, pour que notre enfant de quatre ans et notre enfant de neuf ans apprennent les grandes lignes de la prière du Seigneur suivantes, basées sur l'enseignement du Dr Larry Léa, *Ne Pouvez-Vous Pas Veiller Une Heure Avec Moi* ? Nous avons mémorisé un verset chaque semaine. Ce n'est qu'un point de départ pour vos enfants qui prendra environ cinq minutes pour prier jusqu'à la fin et qui vous aidera à former vos enfants à la prière. Mais c'est une *base* sur laquelle ils pourront s'appuyer pour le reste de leur vie !

LA PRIÈRE DU SEIGNEUR

"NOTRE PÈRE QUI EST AUX CIEUX, QUE TON NOM SOIT SANCTIFIÉ,

A. *Je te loue, de ce que je suis une creature si merveilleuse...* (voir Psaume 139:14)

COMMENT PRIER POUR VOS PROCHES

B. Merci pour le sang de Jésus et d'être:

1. Jehovah-Tsidkenu, ma justice;

Le méchant prend la fuite sans qu'on le poursuive. Le juste a de l'assurance comme un jeune lion.(Proverbes 28:1)

2. Jéhovah-M'Kaddesh, ma sanctification;

O Dieu! Crée en moi un coeur pur, Renouvelle en moi un esprit bien disposé. (Psaume 51:10)

3. Jéhovah-Shalom, ma paix ;

Je me confie en l'Éternel de tout mon coeur, Et je ne m'appuie pas sur ma sagesse; Je le reconnais dans toutes mes voies, Et il aplanira mes sentiers. (Proverbes 3:5, 6)

Je choisis de chercher d'abord le Royaume de Dieu et sa justice; et toutes ces choses me seront données par-dessus. (Matthieu 6:33)

Car toutes choses concourent au bien de ceux qui aiment Dieu, de ceux qui sont appelés selon son dessein. (Romains 8:28)

4. Jéhovah-Shammah, toujours présent avec moi ;

Invoque-moi, et je te répondrai; Je t'annoncerai de grandes choses, des choses cachées, Que tu ne connais pas. (Jérémie 33:3)

5. Jéhovah-Rophe, mon guérisseur ;

...C'est par ses meurtrissures nous sommes guéris. (Ésaïe 53:5)

6. Jehovah-Jirah, mon pourvoyeur ;

...Sa richesse avec gloire en Jesus-Christ. Et mon Dieu pourvoira à tous vos besoins selon sa richesse, avec gloire, en Jésus Christ. (Philippiens 4:18-19)

7. Jehovah-Nissi, ma bannière;

... Et sa bannière qu'il deploie sur moi c'est l'amour. (Cantique des Cantiques 2:4)

Ne l'as-tu pas protégé, lui, sa maison, et tout ce qui est à lui? Tu as béni l'oeuvre de ses mains, et ses troupeaux couvrent le pays. (Job 1:10); et

... Tu l'entoures de ta grâce comme d'un bouclier. (Psaume 5:12).

8. Jéhovah-Rohi, le gentil et doux berger ;

Il me dirige près des eaux paisibles et il me fait reposer des verts pâturages. (Psaume 23:2)

Que ton règne vienne et que ta volonté soit faite dans ma vie comme au ciel.

A. Ouvre mes oreilles pour entendre ce que l'Esprit dit. (Proverbes 23:12)

COMMENT PRIER POUR VOS PROCHES

Donne moi un esprit de sagesse et de révélation dans ta connaissance. (Éphésiens 1:17)

Mets une garde à ma bouche et veille sur la porte de mes lèvres. (Psaume 141:3)

Reçois favorablement les paroles de ma bouche Et les sentiments de mon coeur, O Éternel, mon rocher et mon libérateur! (Psaume 19:14)

Une réponse douce calme la fureur, Mais une parole dure excite la colère. (Proverbes 15:1)

Exerce mes mains au combat et mes doigts à la bataille. (Psaume 144:1)

Tout ce que ma main trouve à faire avec ta force, aide-moi à le faire de toute ma force. (Ecclésiaste 9:10)

Que mon coeur médite Ta voie, et que toi Éternel Tu diriges mes pas. (Proverbes 16:9)

Enseigne-moi à bien compter mes jours, Afin que j'applique mon coeur à la sagesse. (Psaume 90:12)

B. Remplis-moi du fruit de l'Esprit,

qui est l'amour, la joie, la paix, la patience, la bonté, la benignite, la fidélité, la douceur et la tempérance. (Galates 5:22)

C. Au nom de Jésus et par la puissance de Son sang, nous lions les esprits qui font obstacles dans nos vies,

Présentez vos requêtes à Dieu

les esprits de frustration, de confusion et de distraction, et nous libérons l'Esprit du Seigneur:

l'Esprit de sagesse et d'intelligence, l'Esprit de conseil et de force, Esprit de connaissance et de crainte de l'Eternel. (Ésaïe 11:2, Proverbes 14:6, Proverbes 6:23)

D. Au nom de Jésus et par la puissance de Son sang, nous lions les esprits qui font obstacles tels que l'égoïsme, la jalousie, l'envie, de la querelle et de la colère, et nous libérons l'esprit d'amour;

La charité est patiente, elle est pleine de bonté; la charité n'est point envieuse; la charité ne se vante point, elle ne s'enfle point d'orgueil, elle ne fait rien de malhonnête, elle ne cherche point son intérêt, elle ne s'irrite point, elle ne soupçonne point le mal, elle ne se réjouit point de l'injustice, mais elle se réjouit de la vérité; elle excuse tout, elle croit tout, elle espère tout, elle supporte tout. (1 Corinthiens 13:4-7)

E. Que la grâce de l'Éternel, notre Dieu, soit sur nous! Affermis l'oeuvre de nos mains, Oui, affermis l'ouvrage de nos mains!.(Psaume 90:17)

Et pour maman et papa, notre (nos) pasteur(s) _____, notre (nos) professeur(s), _____ et notre président,

COMMENT PRIER POUR VOS PROCHES

" *Ote le méchant de devant le roi, Et son trône s'affermira par la justice.* (Proverbes 25 :5)

"Les justes viendront m'entourer, Quand tu m'auras fait du bien." (Psaume 142:7)

F. *L'Éternel agira en ma faveur. Éternel, ta bonté dure toujours, N'abandonne pas les œuvres de tes mains !* (Psaume 138 :8)

DONNE-NOUS AUJOURD'HUI NOTRE PAIN QUOTIDIEN :

Nous nous accordons dans la prière pour que tous nos besoins soient pourvus :

a. _____
_____

b. _____
_____

c. _____
_____

PARDONNE-NOUS NOS OFFENSES COMME NOUS PARDONNONS À CEUX QUI NOUS ONT OFFENSÉS :

Nous choisissons de marcher dans l'amour et le pardon. Pardonnez-moi, Père, quand t'ai offensé : _____ (nommer des offenses spécifique).

ET NE NOUS INDUIS PAS EN TENTATION, MAIS DÉLIVRE-NOUS DU MAL :

    A. *A. Revêtez-vous de toutes les armes de Dieu, afin de pouvoir tenir ferme contre les ruses du diable.* (Ephésiens 6:11)

    B. *Tenez donc ferme: ayez à vos reins la vérité pour ceinture; revêtez la cuirasse de la justice; mettez pour chaussure à vos pieds le zèle que donne l'Évangile de paix; prenez par-dessus tout cela le bouclier de la foi, avec lequel vous pourrez éteindre tous les traits enflammés du malin; prenez aussi le casque du salut, et l'épée de l'Esprit, qui est la parole de Dieu.* (Ephésiens 6:14-17)

    C. La haie de protection est autour de nous ;

L'ange de l'Éternel campe autour de ceux qui le craignent, Et il les arrache au danger. (Psaume 34:7)

CAR C'EST À TOI QU'APPARTIENNENT LE RÈGNE, LA PUISSANCE ET LA GLOIRE POUR LES SIÈCLES DES SIÈCLES ! AMEN."

(Chantez un chant de louanges ensemble !)

Comment prier pour vos parents

" Enfants, obéissez à vos parents, selon le Seigneur, car cela est juste. Honore ton père et ta mère (c'est le premier commandement avec une promesse),afin que tu sois heureux et que tu vives longtemps sur la terre."
(Éphésiens 6:1-3)

C'est le désir de notre père que nous aimions et honorions nos parents. En fait, comme indiqué dans le verset ci-dessus et dans Deutéronome 5 :16, il s'agit du premier <u>commandement</u> avec une promesse : *" Honore ton père et ta mère, comme l'Éternel, ton Dieu, te l'a ordonné, <u>afin que tes jours se prolongent</u> et que tu sois heureux dans le pays que l'Éternel, ton Dieu, te donne."* [Souligné par l'auteur]

Tout ira bien pour nous (la faveur et les bénédictions de Dieu seront pour nous) pour que nous puissions jouir d'une longue vie ! Pas une vie remplie de problèmes et de chagrins d'amour, mais une longue vie pleine de bénédictions, d'honneur et de faveurs.

Certains d'entre nous ont eu des parents aimants et attentionnés qui ont fait de leur mieux pour pouvoir à nos besoins, nous enseigner, nous élever de manière pieuse. D'autres, malheureusement, ne l'ont pas fait. J'aborderai également ce point dans un instant.

Malheureusement, TOUS les parents font des erreurs et ont besoin d'être pardonnés... "Tous ont péché et échouent..."

- Dans les foyers de parents qui aiment Dieu, prennent soin, nourrissent et pourvoient- les parents ne sont pas à la hauteur.

- Dans les foyers de parents alcooliques ou toxicomanes, ou simplement dysfonctionnels, les parents ne sont pas à la hauteur.

- Dans les foyers de parents qui travaillent ou qui ont l'esprit d'entreprise, les parents ne sont pas à la hauteur.

Malheureusement, quelles que soient les circonstances, tous les parents échouent à un niveau ou à un autre.

Le commandement reste le même pour tous les enfants d'"honorer leurs parents". Il ne s'agit pas d'une suggestion et il n'y a pas d'exception à la règle :

COMMENT PRIER POUR VOS PROCHES

"Si" vous avez une bonne relation ;

"Si" ils ont fait presque tout ce qu'il fallait ;

"si" ils étaient présents et toujours là pour vous ;

"Si" ils ont été de bons pourvoyeurs

" si " _____.

(À vous de remplir sur la ligne avec vos blessures ou vos déceptions).

Examinons les foyers dysfonctionnels. Vos parents ont peut-être été violents, tout sauf attentionnés, et la vie à la maison était simplement un endroit duquel vous désiriez vous échapper au plus vite possible. J'ai un conseil particulier pour vous, un conseil qui est bon pour nous tous, bien que ce ne soit pas facile, le seul moyen conseil : pardonner.

Nous devons tous pardonner à nos parents. Les chaînes blessantes du passé seront brisées et nous pourrons marcher vers la liberté pour notre avenir. La liberté de la douleur et des blessures de l'enfance. Libre d'être la personne que Dieu veut que nous soyons - une meilleure personne plus forte au lieu d'une personne amère enchaînée au passé.

Ces écritures guériront nos cœurs lorsque nous déclarerons : "Père, je choisis de pardonner à mes parents.

Je choisis de pardonner les paroles blessantes, les combats, la colère, les querelles et les abus. Je choisis de pardonner l'injustice. Je choisis de pardonner leurs fautes et leurs échecs. Ta parole est la vérité :

"*L'amour couvre une multitude de péchés.*" Proverbes 10 :12

" *...mais la foi qui est agissante par la charité.* " Galates 5 :6

"*L'amour ne fait jamais défaut.*" 1 Corinthiens 13 :8

Père, je te demande maintenant d'aimer mes parents à travers moi.

Maintenant, prions pour nos parents et souvenons-nous : "Tu aimes ceux pour qui tu pries, avec qui tu pries et à qui tu pries." (Ed Cole)

Que nous ne devenions jamais comme les Pharisiens et les maîtres de la loi réprimandés par Jésus dans Marc 7:11 pour avoir refusé d'aider leurs pères et leurs mères :

"Mais vous dites que si un homme dit à son père ou à sa mère : 'L'aide que tu aurais pu recevoir de moi est Corban' (c'est-à-dire un don consacré à Dieu), alors vous ne le laissez plus rien faire pour son père ou sa mère. Ainsi, vous annulez la Parole de Dieu...''

COMMENT PRIER POUR VOS PROCHES

Qu'il soit dit de nous, au contraire, que nous sommes des fils sages qui apportent la joie au cœur de notre père (Proverbes 15 :20).

"QUE TON RÈGNE VIENNE, QUE TA VOLONTÉ SOIT FAITE DANS LA VIE DE MES PARENTS COMME AU CIEL.

Père, je te remercie pour mes parents et pour l'amour que nous partageons. Aide-moi à les honorer tous les jours de leur vie pour que cela se passe bien dans ma maison et que nous puissions jouir d'une longue vie sur cette terre.

Je prie pour que la dernière partie de leur vie soit plus bénie que le début (Job 42 :12).

Je te remercie que de par leur fidélité, ils seront richement bénis (Proverbes 28 :20) ; *et parce qu'ils ont donné aux pauvres, ils ne manqueront de rien* (Proverbes 28 :27).

Gardez-les des pièges qui leur ont été tendus, des pièges tendus par les malfaiteurs. Que les méchants tombent dans leurs filets, alors qu'ils passent en sécurité (Psaume 141 :9, 10).

Je prie pour qu'ils croissent comme des palmiers et qu'ils s'élèvent comme des cèdres du Liban, plantés dans la maison de l'Éternel. Qu'ils portent encore du fruit dans la vieillesse, qu'ils soient pleins de sève et verdoyants, en proclamant : "Pour faire connaître que l'Éternel est juste. Il est mon rocher, et il n'y a point en lui d'iniquité. (Psaume 92:12-16).

Je déclare qu'ils ont été rachetés de la malédiction de la pauvreté, de la maladie et de la mort spirituelle (Galates 3 :13, 14). *Non seulement ils vivent dans une prospérité abondante* (Deutéronome 28 :11), *mais aucune maladie et aucun mal ne vivra dans leur corps. Au nom de Jésus, je maudis toute infirmité et je dis que vous devez quitter leur corps, vous ne pouvez pas y habiter. Ils sont un pays de délices* (Malachie 3 :12). *Ils vivront tous leurs jours forts dans le Seigneur et dans la puissance de sa force* (Ephésiens 6 :10).

Je te remercie d'avoir accru leur sagesse, leur connaissance et leur compréhension dans tous les domaines de leur vie afin que tu puisses les conduire et les guider selon Ta parole sans qu'aucun péché ne règne sur eux (Psaume 119 :133).

Au nom de Jésus, Amen".

(Dans notre monde trépidant, rempli d'horaires de travail, d'activités scolaires et de réunions à l'église, sans parler des événements sociaux et communautaires, la vie de ceux que nous aimons peut parfois nous échapper alors qu'ils s'effacent au profit des saisons d'automne et d'hiver plus lentes de leur vie. Sans jamais être exigeants,

COMMENT PRIER POUR VOS PROCHES

mais avec amour et soutien, ils regardent leur progéniture entrer timidement dans la saison des jeunes adultes, puis, avec plus d'assurance, se lancer dans leur domaine spécifique pour répondre à l'appel de Dieu sur leur vie. À ces hommes et femmes forts et courageux, qui non seulement ont donné leur vie pour nous, mais ont également eu le courage de libérer leurs enfants à l'appel de la vie, nous devons nous élever à notre place de responsabilité pour soutenir leurs bras dans leurs derniers jours).

Comment prier pour votre pasteur

Il fut un temps où je priais pour mon pasteur et mon église autant, voire plus, que pour ma propre famille. N'ayez pas peur de vous lancer dans le ministère d'intercession si l'Esprit désire vous utiliser de cette manière. Vous récolterez abondamment dans votre propre vie en proportion de ce que vous semez dans la vie des autres.

Les passages suivants vous permettront de commencer à soutenir les bras de votre pasteur, tout comme Aaron et Hur ont levé les bras de Moïse pendant les longues heures fatigantes de la bataille.

"QUE TON RÈGNE VIENNE, QUE TA VOLONTÉ SOIT FAITE DANS LA VIE DE MON PASTEUR COMME AU CIEL !

L'Esprit de l'Éternel reposera sur lui : Esprit de sagesse et d'intelligence, Esprit de conseil et de force, Esprit de connaissance et de crainte de l'Éternel. (Esaïe 11 :2, 3)

Car ce n'est ni de l'orient, ni de l'occident, Ni du désert, que vient l'élévation. Mais Dieu est celui qui juge : Il

COMMENT PRIER POUR VOS PROCHES

abaisse l'un, et il élève l'autre. Et j'abattrai toutes les forces des méchants ; Les forces du juste seront élevées. (Psaume 75 :6, 7, 10)

Ni avant ni après Josias, il n'y a eu de roi comme lui qui se soit tourné vers le Seigneur comme il l'a fait - de tout son cœur, de toute son âme et de toute sa force. (2 Rois 23 :25) Que l'esprit de Josias repose sur mon pasteur alors qu'il se tourne vers vous de tout son cœur, de toute son âme et de toute sa force.

Que la grâce de l'Éternel, notre Dieu, soit sur nous ! Affermis l'ouvrage de nos mains. (Psaume 90 :17)

L'Éternel agira en ma faveur. Éternel, ta bonté dure toujours, N'abandonne pas les œuvres de tes mains ! (Psaume 138 :8)

Ils prieront pour lui sans cesse, ils le béniront chaque jour. (Psaume 72 :15)

Afin que le Dieu de notre Seigneur Jésus Christ, le Père de gloire, vous donne un esprit de sagesse et de révélation, dans sa connaissance, (Éphésiens 1 :17)

Un homme sage est plein de force, Et celui qui a de la science affermit sa vigueur ; (Proverbes. 24:5)

Au nom de Jésus, Amen".

Comment prier pour votre nation

"Si vous ne priez pas, qui le fera ?" Le Seigneur a imprimé cette responsabilité dans mon esprit il y a de nombreuses années, lorsque nous vivions à environ 40 kilomètres de Washington, D.C., en Virginie du Nord. Depuis lors, j'ai appris à prier pour ma nation. Les versets suivants vous aideront à prier pour les dirigeants de votre pays.

"QUE TON RÈGNE VIENNE, QUE TA VOLONTÉ SOIT FAITE DANS MON PAYS COMME AU CIEL !

Je leur donnerai un même cœur, Et je mettrai en vous un esprit nouveau ; J'ôterai de leur corps le cœur de pierre, Et je leur donnerai un cœur de chair, Afin qu'ils suivent mes ordonnances, Et qu'ils observent et pratiquent mes lois ; Et ils seront mon peuple, et je serai leur Dieu. (Ézéchiel 11 :19, 20)

Car ce n'est ni de l'orient, ni de l'occident, Ni du désert, que vient l'élévation. Mais Dieu est celui qui juge : Il abaisse l'un, et il élève l'autre. Et j'abattrai toutes les forces

COMMENT PRIER POUR VOS PROCHES

des méchants ; Les forces du juste seront élevées. (Psaume 75 :6, 7, 10)

Le juste ne chancellera jamais, Mais les méchants n'habiteront pas le pays. (Proverbes 10 :30)

Voici encore ce qui vient des sages : Il n'est pas bon, dans les jugements, d'avoir égard aux personnes. Celui qui dit au méchant : Tu es juste ! Les peuples le maudissent, les nations le maudissent. Mais ceux qui le châtient s'en trouvent bien, Et le bonheur vient sur eux comme une bénédiction. (Proverbes 24 :23-25)

Les Psaumes 101 :8 et 55 :9 sont particulièrement efficaces pour faire taire les accusations de l'ennemi contre les justes dans la presse, et dans tous les domaines de votre propre vie pour faire taire les accusations de l'ennemi, les mensonges et la confusion.

Chaque matin j'anéantirai tous les méchants du pays, Afin d'exterminer de la ville de l'Éternel Tous ceux qui commettent l'iniquité. (Psaume 101 :8)

Réduit à néant, Seigneur, divise leurs langues ! Car je vois dans la ville la violence et les querelles. (Psaume 55 :9)

Quand la prudence fait défaut, le peuple tombe ; Et le salut est dans le grand nombre des conseillers. (Proverbes 11 :14)

La justice exalte une nation, mais le péché est une honte pour tout peuple. (Proverbes 14:34)

<u>L'Amérique</u> (ou le nom de votre pays) qui habite à l'abri du Très-Haut reposera à l'ombre du Tout-Puissant. <u>L'Amérique</u> dira du Seigneur : "Il est mon refuge et ma forteresse, mon Dieu, en qui je me confie." Il sauvera certainement <u>l'Amérique</u> du filet de l'oiseleur, de la peste et de ses ravages. Il couvrira <u>l'Amérique</u> de Ses plumes, et sous Ses ailes <u>l'Amérique</u> trouvera refuge ; sa fidélité sera son bouclier et sa cuirasse. Elle ne craindra ni les terreurs de la nuit, ni la flèche qui vole de jour, ni la peste qui marche dans les ténèbres, ni la contagion qui frappe en plein midi. Mille tomberont au côté de <u>l'Amérique</u>, dix mille à sa droite, mais elle ne sera pas atteinte. De ses yeux seulement elle regardera et verra ta rétribution des méchants. Si <u>l'Amérique</u> fait du Très-Haut sa demeure - du Seigneur son refuge - alors aucun malheur ne lui arrivera, aucun fléau n'approchera de sa tente. Car Il ordonnera à ses anges de garder <u>l'Amérique</u> dans toutes ses voies ; ils la porteront sur les mains, afin qu'elle ne heurte pas son pied contre une pierre. Elle marchera sur le lion et sur l'aspic, elle foulera le lionceau et le dragon. "Parce que <u>l'Amérique</u>

COMMENT PRIER POUR VOS PROCHES

m'aime", dit le Seigneur, "je la délivrerai, je la protégerai, car elle connaît mon nom. Elle m'invoquera et je lui répondrai ; je serai avec elle dans la détresse, je la délivrerai et je la glorifierai. Je la satisferai de longs jours et je lui ferai voir mon salut." (Psaume 91)

L'Éternel renverse les desseins des nations, Il anéantit les projets des peuples ; Les desseins de l'Éternel subsistent à toujours, Et les projets de son cœur, de génération en génération. Heureuse la nation dont l'Éternel est le Dieu ! Heureux le peuple qu'il choisit pour son héritage ! (Psaume 33:10-12)

Au nom de Jésus, Amen".

Comment prier pour vos êtres chers perdus

Cette section du livre a été incluse pour vos proches perdus et votre conjoint qui ne connaissent pas le Seigneur ou pour ceux dont l'affection n'est pas ce qu'elle devrait être envers le mari ou la femme.

"QUE TON REGNE VIENNE, ET QUE TA VOLONTE SOIT FAITE DANS LA VIE DE (nommez votre bien-aimé) COMME ELLE EST FAITE AU CIEL.

"Crois au Seigneur Jésus, et tu seras sauvé toi et ta famille." (Actes 16 :31)

Au nom de Jésus et par la puissance du sang, je viens contre les puissances des ténèbres qui aveuglent leurs yeux, endurcissent leurs oreilles et bloquent leur intelligence (voir Esaïe 6 :9,10) ; je vous fais taire aujourd'hui, vous esprits méchants (voir Psaume 101 :8) ; je vous confonds, je trouble votre discours (voir Psaume 55 :9), et je vous disperse loin d'eux. Je te demande, Père, d'envoyer tes anges puissants à la guerre dans les cieux en leur faveur (voir Daniel 10)

COMMENT PRIER POUR VOS PROCHES

...vous ses anges, Qui êtes puissants en force, et qui exécutez ses ordres, En obéissant à la voix de sa parole ! (Psaume 103:20)

Je renverse les raisonnements et les prétentions qui, dans leur esprit, se sont dressés contre la connaissance de Dieu et contre chaque forteresse dans leur vie. Je vous demande, Saint-Esprit, de captiver leurs pensées mêmes pour les amener à l'obéissance du Christ et nous les attireront vers Jésus - vers le salut. (voir 2 Corinthiens 10 :3-5)

Les épouses priant pour leur mari

Vous ne luttez pas contre la chair et le sang, mais contre les forces spirituelles du mal dans les lieux célestes (Éphésiens 6:12). Priez chaque jour 2 Corinthiens 10:3-5 concernant votre mari. Démolissez les raisonnements et les prétentions dans son esprit qui se sont dressés contre la connaissance de Dieu et emmenez ses pensées à l'obéissance de Christ.

Demandez au Seigneur de remplir son cœur d'amour pour vous, conformément aux commandements d' Éphésiens 5:25: "Maris, aimez vos femmes." Déclarez que Proverbes 5:15-19 est l'image de votre mariage - que votre mari se réjouira avec la femme de sa jeunesse, captivé (enivré) par votre amour. Vous devez gagner cette bataille dans le monde spirituel afin de voir les résultats dans le monde naturel.

" *Chaque matin j'anéantirai tous les méchants du pays, Afin d'exterminer de la ville de l'Éternel Tous ceux qui commettent l'iniquité.*" (Psaume 101:8) (Faites taire les voix démoniaques qui le trompent dans ses pensées).

"*Toute arme forgée contre toi (ton mariage) sera sans effet et toute langue qui s'élèvera en justice contre toi, tu la condamneras.*" (Esaïe 54:17)

"*Soumettez-vous donc à Dieu. Résistez au diable et il fuira loin de vous.*" (Jacques 4:7)

Les maris priant pour leur femmes

Car nous n'avons pas à lutter contre la chair et le sang, mais contre les dominations, contre les autorités, contre les princes de ce monde de ténèbres, contre les esprits méchants dans les lieux célestes. (Éphésiens 6:12). Priez chaque jour 2 Corinthiens 10:3-5 sur votre bien-aimée. Renversez dans son esprit les raisonnements et les prétentions qui se sont dressés contre la connaissance de Dieu et emmenez ses pensées à l'obéissance de Christ. Au nom de Jésus et par la puissance du sang de l'Agneau, ordonnez aux forces du mal qui parlent à son esprit de se taire :

" *Chaque matin j'anéantirai tous les méchants du pays, Afin d'exterminer de la ville de l'Éternel Tous ceux qui commettent l'iniquité.* " (Psaume 101.8)

COMMENT PRIER POUR VOS PROCHES

Commence à prier chaque jour Proverbes 31:10-31 pour ta femme: qu'elle te fasse du bien et non du mal tous les jours de sa vie; qu'elle parle avec sagesse, et qu'une instruction fidèle soit sur sa langue. Déclare qu'elle sera une femme sage qui bâtit sa maison (Proverbes 14:1) et que le Seigneur bâtira sa maison à travers elle (Psaume 127:1). Vous devez gagner cette bataille dans le domaine spirituel pour voir des résultats dans le monde naturel.

"Toute arme forgée contre toi (ton mariage) sera sans effet, et toute langue qui s'élèvera en justice contre toi, tu la condamneras." (Esaïe 54:17)

"Soumettez-vous donc à Dieu. Résistez au diable et il fuira loin de vous." (Jacques 4:7)

Comment prier pour la guérison

" Et si l'Esprit de celui qui a ressuscité Jésus d'entre les morts habite en vous, celui qui a ressuscité Christ d'entre les morts rendra aussi la vie à vos corps mortels par son Esprit qui habite en vous." (Romains 8:11)

Au nom de Jésus et par la puissance de Son sang, je lie toute puissance démoniaque qui tenterait d'infliger des maladies à (nom), et je vous rejette loin de (lui).

Vous n'avez aucune autorité dans sa vie et vous devez fuir selon la promesse de Jacques 4 :7 :

Soumettez-vous donc à Dieu. Résistez au diable, et il fuira loin de vous.

Je déclare que toute arme forgée contre _____ serra sans effet et que toute langue qui s'élèvera en justice contre _____ Tu la condamneras. (Esaïe 54 :17)

Je parle à chaque cellule de ce corps et je vous ordonne de fonctionner comme Dieu l'a voulu. Je vous ordonne de vous aligner sur la Parole de Dieu. Je

COMMENT PRIER POUR VOS PROCHES

brise toute malédiction dans la vie de _____ et je déclare que _____ est couvert du sang de l'Agneau.

Il envoya sa parole et les guérit, Il les fit échapper de la fosse. (Psaume 107 :20)

Au nom de Jésus, j'envoie la Parole dans mon corps (zone de maladie - cœur, poumons, dos, etc.) et je déclare que je suis délivré de toute infirmité.

Je réclame les promesses de Jérémie 33 :6 :

Voici, je lui donnerai la guérison et la santé, je les guérirai, Et je leur ouvrirai une source abondante de paix et de fidélité.

C'est lui qui pardonne toutes tes iniquités, Qui guérit toutes tes maladies (Psaume 103 :3)

Mais il était blessé pour nos péchés, Brisé pour nos iniquités ; Le châtiment qui nous donne la paix est tombé sur lui, <u>Et c'est par ses meurtrissures que nous sommes guéris.</u> (Esaïe 53:5) [Souligné par l'auteur]

Au nom de Jésus, Amen".

Comment prier pour les problèmes mentaux

"Chaque matin j'anéantirai tous les méchants du pays, Afin d'exterminer de la ville de l'Éternel Tous ceux qui commettent l'iniquité." (Psaume 101 :8)

"Je prends autorité sur toute voix méchante qui tenterait de parler dans l'esprit de _____, et je vous fais taire en ce jour. Je vous confonds et je confonds votre discours (Psaume 55 :9). Je vous disperse, au nom de Jésus, et je déclare que _____ est couvert du sang de l'Agneau. Vous ne pourrez plus opprimer _____.

Maintenant, je demande à l'Esprit Saint de commencer à parler à l'esprit de _____, et je demande à la paix de Dieu d'inonder son être tout entier.

Je brise tout esprit de confusion, de distraction et de frustration et je libère l'Esprit du Seigneur, l'esprit de sagesse et de compréhension, l'esprit de conseil et de puissance, et l'esprit de connaissance et de crainte du Seigneur. (Esaïe 11 :2)

COMMENT PRIER POUR VOS PROCHES

Mais le consolateur, l'Esprit Saint, que le Père enverra en mon nom, vous enseignera toutes choses, et vous rappellera tout ce que je vous ai dit. (Jean 14 :26, 27)

Afin que vous vous souveniez des choses annoncées d'avance par les saints prophètes, et du commandement du Seigneur et Sauveur. (2 Pierre 3 :2)

Le Seigneur ne tarde pas dans l'accomplissement de la promesse, comme quelques-uns le croient ; mais il use de patience envers vous, ne voulant pas qu'aucun périsse, mais voulant que tous arrivent à la repentance. (2 Pierre 3 :9)

Garde le silence devant l'Éternel, et espère en lui... (Psaume 37:7)

… J'avais mis en l'Éternel mon espérance ; Et il s'est incliné vers moi, il a écouté mes cris. Il m'a retiré de la fosse de destruction, Du fond de la boue ; Et il a dressé mes pieds sur le roc, Il a affermi mes pas. Il a mis dans ma bouche un cantique nouveau, Une louange à notre Dieu ; Beaucoup l'ont vu, et ont eu de la crainte, Et ils se sont confiés en l'Éternel. <u>Heureux l'homme qui place en l'Éternel sa confiance</u>, Et qui ne se tourne pas vers les hautains et les menteurs ! (Psaume 40 :1-4) [Soulignez par l'auteur]

Présentez vos requêtes à Dieu

Au nom de Jésus, Amen".

Comment prier pour vos finances

Je voudrais vous encourager à examiner votre vie et à vous assurer que vous donnez la dîme et semez vos offrandes au Seigneur de façon constante. Lorsque vous commencerez à déclarer les promesses suivantes sur votre vie, vous réaliserez que l'ennemi a essayé de voler votre héritage, en tant qu'enfant d'Abraham et que vous n'avez plus à vivre dans un état de servitude financière. Suivez les principes de Sa Parole et vous "hériterez de la terre" par Sa Parole :

"Apportez à la maison du trésor toutes les dîmes, Afin qu'il y ait de la nourriture dans ma maison ; Mettez-moi de la sorte à l'épreuve, Dit l'Éternel des armées. Et vous verrez si je n'ouvre pas pour vous les écluses des cieux, Si je ne répands pas sur vous la bénédiction en abondance. Pour vous je menacerai celui qui dévore". (Malachie 3:10, 11)

Toute arme forgée contre toi sera sans effet ; Et toute langue qui s'élèvera en justice contre toi, Tu la condamneras. Tel est l'héritage des serviteurs de l'Éternel, Tel est le salut qui leur viendra de moi, Dit l'Éternel. (Esaïe 54:17)

Soumettez-vous donc à Dieu ; Résistez au diable, et il fuira loin de vous. Approchez-vous de Dieu et il s'approchera de vous... (Jacques 4 :7, 8)

Seigneur Tu dis, *Je marche dans la voie de la justice, sur les sentiers de la droiture, Pour donner des biens à ceux qui m'aiment, Et pour remplir leurs trésors.* (Proverbes 8 :20, 21).

Merci pour tes promesses : " *... je souhaite que tu prospères à tous égards et sois en bonne santé, comme prospère l'état de ton âme*" (3 Jean 1 :2)

... Mais tu nous en as tirés pour nous donner l'abondance. (Psaume 66 :12)

Parce que je choisis d'honorer l'Éternel avec mes biens, Et avec les prémices de tout mon revenu : (efforts financiers) ; Alors mes greniers seront remplis d'abondance, Et mes cuves regorgeront de moût. (voir Proverbes 3 :9,10) [Il s'agit ici de la promesse d'abondance ; pas seulement d'une quantité à peine suffisante].

L'Éternel ordonnera à la bénédiction d'être avec toi dans tes greniers et dans toutes tes entreprises. Il te bénira dans le

COMMENT PRIER POUR VOS PROCHES

pays que l'Éternel, ton Dieu, te donne. (Deutéronome 28 :8)

Je sais que mes dons abondent pour mon compte (voir Philippiens 4 :17) *et qu'ils s'élèvent comme une offrande, un parfum de bonne odeur, un sacrifice que Dieu accepte et qui lui est agréable* (Philippiens 4 :18) *et que mon Dieu pourvoira à tous mes besoins selon sa richesse avec gloire en Jésus-Christ.* (Philippiens 4:19)

Au nom de Jésus, Amen".

Celui qui donne au pauvre n'éprouve pas la disette ... (Proverbes 28 :27)

Présentez vos requêtes à Dieu

"Ne vous inquiétez de rien; mais en toute chose faites connaître vos besoins à Dieu par des prières et des supplications, avec des actions de grâces. Et la paix de Dieu, qui surpasse toute intelligence, gardera vos coeurs et vos pensées en Jésus Christ." **(Philippiens 4:6, 7)**

N'ayez pas peur de présenter vos besoins au Seigneur. Il se préoccupe de tous les aspects de votre vie - petits ou grands. Soyez très précis dans vos demandes et demandez ensuite au Seigneur d'ouvrir vos yeux pour que vous puissiez voir ses bénédictions quand elles aiment dans votre vie. (Jérémie 17)

Lorsque Agar fut jetée dans le désert avec son fils Ismaël, Dieu lui ouvrit les yeux et elle vit un puits d'eau (Genèse 21:19), qui était la provision de Dieu. Quand Abraham est allé sacrifier Isaac, le fils promis, le Seigneur lui a pourvu un substitut : Abraham a levé les yeux et là, dans un fourré, il a vu un bélier pris par ses cornes. (Genèse 22:13) Comme le serviteur priait au sujet d'une femme pour Isaac, la Parole dit, avant qu'il n'ait fini de prier, *Rébecca sortit avec sa cruche sur l'épaule.* (Genèse

24:15) *Sans dire un mot, l'homme l'observa attentivement pour savoir si le Seigneur faisait reussir son voyage.* (Genèse 24:21)

Avant qu'ils n'appellent, je répondrai ; pendant qu'ils parleront, j'entendrai. (Esaïe 65:24)

Le Seigneur travaille afin que toutes choses concurrent pour votre bien dès l'instant où vous commencez à prier. Lisez Daniel chapitre 10 sur la grande guerre qui eut lieu dans les cieux pour retenir la réponse à ses prières pendant trois semaines. Ne vous découragez pas. Vous récolterez si vous ne vous perseverez jusqu'au bout, qu'il s'agisse d'une semaine, d'un mois ou d'un an pour que vos semences de prière se manifestent.

Liste de mes lectures préférées

Ne pouvez-vous pas veiller une heure avec moi? Dr Larry Lea

Pourquoi prier? Dr. B. J. Willhite

Combien de foi faut-il pour faire bouger la main de Dieu? Dr B. J. Willhite

Producteurs de Preuves, Dr. Morris Cerullo

Jeûner, Jentezen Franklin

Le jeûne de 21 jours, Dr. Bob Rodgers

Foi et confessions, Charles Capps

Les bases du ministère de l'aumônier d'un hospice,

Aide pratique pour le nouvel aumônier

John M. Casto, aumônier certifié

Une dernière réflexion ...

Si vous avez acheté ce livre sur Amazon et que cela fait une différence dans votre vie, pensez à rédiger une critique pour encourager les autres dans leur recherche de réponses.

www.ingramcontent.com/pod-product-compliance
Lightning Source LLC
Chambersburg PA
CBHW061457040426
42450CB00008B/1403